Frauen verstehen

-

Entschlüssle die wahre Natur der Frau und werde zum emotionalen Chamäleon

© 2016 Daniel Karnatz

Inhaltsverzeichnis:

Ein kleines Geschenk für Dich

Bevor Du in dieses Buch vollständig eintauchst, habe ich mir noch ein kleines Geschenk für Dich ausgedacht. Ob Du Anfänger oder Fortgeschrittener bist, dieses kleine kostenlose Programm ist ideal um Deine Fähigkeiten als Verführer auf ein neues Level zu bringen.

Das KOSTENLOSE Bootcamp zur Vernichtung Deiner Ansprechangst:

Kennst Du diese lähmende Angst, wenn Du eine wunderschöne Frau auf der Straße siehst, die Dich in deinen Kopf bringt und Dir alle möglichen Ausreden liefert, sie nicht anzusprechen?

Das kenne ich!

Als ich mich das erste Mal mit Flirten und Persönlichkeitsentwicklung beschäftigt habe, war es eines meiner größten Probleme meine sozialen Ängste zu besiegen. Vor allem wenn es um das Ansprechen von Frauen ging, fühlte ich mich immer wie paralysiert. Im Endeffekt habe ich mich wirklich unter immensem Druck dazu zwingen müssen Frauen anzusprechen. Ich hab mich selbst von 0 auf 100 gebracht.

Damals hätte ich mir vor allem jemanden gewünscht, der mir eine entspanntere Methode beibringt, diesen Paralysemantel abzuwerfen. Ich weiß, dass es vor allem als Anfänger schwer ist, sich zu den ersten Schritten der der Transformation zum Verführungskünstler zu stellen. Deshalb habe ich mir die Frage gestellt, wie man es schaffen kann, diese Ansprechangst als Anfänger völlig alleine und so leicht wie möglich zu eliminieren.

Die Lösung lag für mich darin, eine Gewohnheit für das Ansprechen von Frauen zu entwickeln. Eine Gewohnheit, welche jeden Tag in ihrer Intensität steigt und einen

leichten Start in die Geheimnisse der sozialen Unabhängigkeit schafft.

Das wunderbare an eine Gewohnheit ist, dass man nicht mehr darüber nachdenken muss sie auszuführen. Es wird für Dich also zu einer reinen Natürlichkeit schöne Frauen auf der Straße anzusprechen. Diese Gewohnheit kombiniert mit kleinen spielerischen Herausforderungen bringt genau das was ich für Dich will:

Freiheit von Ansprechangst + Verbesserung Deiner Flirt-Skills + Spaß

Diese 3 Ziele sind der Grundstein für die Challenge, die ich entwickelt habe um Dir die soziale Unabhängigkeit zu geben, die sich jeder Mensch auf Erden wünscht.

Das erwartet Dich:
- 23 Tage hintereinander jeweils eine E-Mail
- 21 spannende Aufgaben welche in der Intensität jeden Tag zulegen

Was Du in der Challenge lernst:
- Wie Du deine Ansprechangst langsam aber sicher besiegst
- Welches Mindset beim Ansprechen von Frauen wichtig ist
- Wie Du dich vor dem Ansprechen „aufwärmen" kannst
- Wie Du eine schöne Frau ganz natürlich ansprechen kannst
- Wie Du das Gespräch führst und eine tiefere Verbindung schaffst
- Welche Skills wirklich im Gespräch entscheidend sind
- Wie Du dich nicht mehr verstellen musst und zu einer Version 2.0 wirst
- Wie Du das Ansprechen von schönen Frauen zu einer Lebenslangen Gewohnheit machst
- Wie Du deiner Komfortzone heraustreten kannst und damit ein erfüllteres Leben führst

- Wie Du das Ansprechen von Frauen mit extrem viel Spaß und deinem Humor verbinden kannst

Wenn das nach DER Herausforderung für Dich klingt, darf ich dir hiermit die kostenlose Easy-Attraction 21-Tage Approach-Challenge vorstellen.

Werfe jetzt Deine Ausreden über Bord und fange endlich an, dich Deinen Ängsten zu stellen. Du wirst es nicht bereuen! Melde Dich noch heute an und genieße die für begrenzte Zeit kostenlosen Vorteile für Dich:

→ Hier geht es zu Deiner persönlichen Challenge
http://bit.ly/2n5xcKZ

Einleitung

„Wer Frauen versteht kann auch durch Null teilen."

In diesem Buch werde ich wohl das größte Mysterium des Universums entschlüsseln. Viele haben sich schon an dem Knacken des Codes versucht, nur Wenigen ist es gelungen und manche von uns Männern bekommen es in die Wiege gelegt: Das Verstehen von Frauen.

Logischerweise betriff dieses Mysterium nur die Männerwelt. Das liegt vor allem daran, dass Frauen auf einer emotionalen Ebene kommunizieren. Diese verschiedenen Kommunikationsebenen sind dafür verantwortlich, dass Männer Frauen schwer verstehen können und Frauen die Männer nicht verstehen. Wir Männer sind simpel, einfach, logisch und strukturiert in unserem Handeln, Denken und Tun. Frauen besitzen eine beruhigende und beschützende Energie, Männer eine offensive, strebende Energie. Diese beiden Arten der Energien können sich gut kombinieren und ergänzen, oder sich abstoßen und vernichten. Die Wirkung der beiden Energien kann man leider nicht durch bestimmte Formeln oder mathematische Gleichungen entschlüsseln. Allerdings können wir als Männer versuchen die Energie der Frau zu adaptieren, um eine bessere Kommunikation und ein tieferes Verständnis für die Frauenwelt zu schaffen. Konflikte und mögliche Missverständnisse können auf diese Weise vorgebeugt werden. Außerdem kann es uns Männern einen guten Ausgleich geben, die Energien der anderen Seite zu spüren und in uns aufzunehmen.

Männer sowie Frauen wohnen diese beiden Energien inne. Allerdings sind sie bei dem einen Geschlecht mehr, bei dem anderen weniger stark ausgeprägt. Außerdem hat jeder von uns eine komplett eigene Verteilung dieser Energien. Diese Tatsache allein macht Dich schon einmal einzigartig. Allerdings haben auch die Frauen, die du begehrst, eine völlig eigene Verteilung dieser Geschlechtsströme. Diese herauszufinden gelingt nur erfahrenen Flirt-Experten, Geschlechtsforschern und den sogenannten „Naturals". Diese Männer sind von Natur aus in der Lage die weibliche Natur zu verstehen und zu adaptieren. Meistens sind dies Männer mit einem sehr ausgeglichenen „Energiehaushalt". Was diesen Männern oft fehlt ist die Analyse ihres Erfolges. Sie bleiben auf ihrem Level des Verständnisses stecken weil sie nicht wirklich wissen was genau ihnen diesen Erfolg gibt.

In diesem Buch will ich Dir zeigen, wie Du über die Fähigkeiten eines „Naturals" hinauswächst, Frauen und ihr Verhalten verstehen kannst, weibliche Energien für Dich nutzen kannst und somit den Frauen das gibst, was sie wirklich begehren. Das Beste daran ist: Du musst dich nicht verändern, ich rate Dir nur dich in deinen Skills im Verständnis von Frauen zu verbessern oder besser gesagt diese „up-zu-graden". Mit diesem „Anfänger-Mindset" des ständigen Verbesserungswillens habe ich die besten Resultate in allen möglichen Lebensbereichen erzielen können. „Wenn ich das geschafft habe, kannst Du das auch" ist mein Motto. Vergiss dabei aber nicht Dich von der ständigen Verbesserung abhängig zu machen. Versuche deine Fähigkeiten immer zu steigern, sei aber auch immer mit Deinem jetzigen Zustand zufrieden, denn Du lebst nur in diesem Moment.

Die Ursache der Missverständnisse:

In diesem Buch sollen vor allem Missverständnisse geklärt und übliche Ansichten von Männern ausradiert werden. Nach meiner Schätzung haben 90-95% der Männer eine Falsche Sicht auf Frauen. Das liegt zum einem daran, dass sie nicht auf derselben Ebene wie die Frau kommunizieren, somit Missverständnisse aufkommen, die Männer daran verzweifeln und sie dadurch falsche Schlüsse ziehen.

Die 2. Komponente des falschen Verständnisses ist die Erziehung durch die Eltern. In vielen alten Völkern unserer Erde fällt die Aufgabe der Erziehung der Jungen dem Vater zu. In unserer heutigen Gesellschaft hat es sich allerdings durchgesetzt, dass die Mutter die Erziehung übernimmt und dem Jungen somit nur die weibliche Sichtweise vermittelt wird. Ein Männliches Vorbild hat ein Junge in unserer heutigen Gesellschaft selten. Ob es nun daran liegt das der Vater wenig Zeit hat oder die Mutter sich in der Erziehungsfrage gegenüber dem Mann durchsetzt (was der allgemeine Urinstinkt der Frau ist). Eine einseitige Erziehung von den Geschlechterrollen führt zu einer verzerrten Ansicht derselben. Mit dieser These will ich übrigens nicht andeuten, dass die heutigen Väter ihren Job nicht machen, sondern darauf hinweisen, dass die Erziehung generell in eine falsche und ungesunde Richtung verläuft die vor alle durch die Medien gelenkt wird. Damit wären wir bei der dritten Ursache für Missverständnisse der Geschlechterrollen.

Die Gesellschaft und vor allem die Medien vermitteln uns wahrscheinlich das schlechte Bild der Geschlechterrollen, welches Möglich ist. In der Werbung gilt der Leitspruch „Sex sales!" Vor allem junge attraktive Frauen schmücken jede Werbekampagne, obwohl diese nicht einmal unbedingt auf Produkte für die Frau ausgerichtet sind. Stell eine schöne Frau vor eine Tafel Schokolade und jeder wird nur noch diese Schokolade kaufen. Frauen werden durch die Werbung auf eine Art Podest gestellt und somit sinkt der Marktwert der Männer. Damit haben die Medien aber nur einen kleinen Teil des heutigen Rollenverstädnisses geschaffen. In den Nachrichten, vor alle in den Klatschkolumnen werden Frauen und Männer mit einer sehr freizügigen sexuellen Haltung verurteilt. Beide Geschlechter werden für ihren Instinkt verurteilt. Frauen die viel Sex habe gelten als „Schlampen", Männer gelten als „Player".

Wie Du siehst wird durch die Medien ein Paradoxon geschaffen welches verehrende Folgen für die Kommunikation zwischen Mann und Frau hat. Auf der einen Seite wird alles sexuell dargestellt und auf der anderen Seite wird man verurteilt wenn man seine Sexualität auslebt. Frauen können keine richtigen Frauen mehr sein, Männer keine echten Männer. Mein Ziel ist es deshalb, Dir in diesem Buch auch ein gesundes Verständnis der Rollenverteilung zwischen Mann und Frau zu geben und die Verurteilung unserer Urinstinkte zu verhindern. Somit bekommst Du das Wissen um das Verhalten der Frauen und ein vitaleres Bild von Dir als echter Mann.

Kapitel 1:
Das Beneiden schöner Frauen

„Eine Frau wird nicht dadurch erotisch, dass sie ihre Brüste oder
ihren Hintern zeigt, sondern durch ihre Ausstrahlung"
- Giorgio Armani

Das Leben einer schönen Frau ist schon toll... Jeder mag dich, Du
bekommst dauernd Drinks und andere Sachen ausgegeben,
stehst immer im Mittelpunkt und wirst von allen Typen begehrt.
Im Grunde hat man das, was man sich für ein glückliches Leben
wünscht. Jeder Lebensbereich ist abgedeckt und man muss sich
bei nichts mehr anstrengen, man bekommt es einfach. Wäre das
auch etwas für Dich?

Natürlich! So etwa würde auch meine Antwort auf diese Frage
lauten. Auf den ersten Blick hört sich dieser Lebensstil auf jeden
Fall nach dem Sechser im Lotto an. Die meisten von uns würden
sich einen kleinen Teil von diesem Traum wohl gerne gönnen.
Allerdings gibt es auch eine andere Sichtweise für diese
Lebensweise die mich selbst überzeugt hat, dass dies der mit
Abstand unvorteilhafteste Weg ist, wenn es um die Zukunft und
die persönliche Entwicklung geht. Diese kleine aber feine „Falle"
die von diesem perfekten Leben ausgeht nennt sich Stagnation.

Du kennst es vielleicht selbst... Läuft bei Dir einmal einfach alles
glatt, lehnst Du dich zurück und genießt einfach nur. Warum
sollte man auch noch etwas machen, wenn sowieso schon alles
passt und einem die Dinge nur so zufliegen? Dieser Zustand ist
bei den meisten nur von kurzer Dauer. So ist halt das Leben. Auf
ein Hoch kommt unweigerlich ein Tief. Bei besonders schönen
Frauen scheint dies nicht der Fall zu sein. Trotzdem habe ich
gelernt diesen Zustand nicht zu beneiden, sondern ihn zu
bemitleiden und ihn so gut es geht zu umgehen.

Die Zukunft von schönen Frauen

Wie schon erwähnt leben schöne Frauen in einer Realität der Bestätigung und der Gunst Anderer. Ihr gesamtes Selbstbild wird nur von Äußerlichkeiten beeinflusst weil jeder sie nur darauf reduziert. Sie investieren sehr viel Zeit darin anderen zu gefallen und beschäftigen sich mehr mit ihren Haaren als mit ihrem Charakter. Natürlich sind nicht alle schönen Frauen so und einige haben schon den Wert von Persönlichkeit, Durhaltevermögen und Willensstärke erkannt. Allerdings macht es ihnen die Gesellschaft schwer sich auf eine solche persönliche Ebene hin zu entwickeln. Vor allem in der heutigen modernen Zeit in welcher eine schöne Frau die wahrscheinlich höchste Währung darstellt, wird der Charakter extrem vernachlässigt. Im Geschäft zählt dieser nämlich wenig. Heutzutage kann man hinter jedes Produkt aus der Werbung eine schöne Frau stellen und somit den Umsatz steigern. Gut für die Industrie und die Werbung. Schlecht für die persönliche Entfaltung und Entwicklung von Frauen. Damit will ich nicht die vielen schönen Frauen kritisieren. Vielmehr möchte ich darauf aufmerksam machen, dass die Gesellschaft und die Medien sie so erziehen und schaffen und jegliche Individualität rauben.

Wie wirkt sich dieses Umfeld nun auf eine schöne Frau in der Zukunft aus? Als allererstes muss die Frau mit fortschreitendem Alter feststellen, dass ihre Schönheit langsam verblasst und dass sie in jungen Jahren nur dafür Aufmerksamkeit bekommen hat. In jungen Jahren musste sie sich noch um nichts kümmern und alles flog ihr zu. Jetzt ist sie der brutalen Realität ausgesetzt in der es darum geht mit Persönlichkeit zu Punkten. Weil sie diese nie entwickeln musste steht sie nun ohne diese persönlichen und sozialen Fähigkeiten da und muss erstmals selbst zurecht kommen und sich selbst weiterentwickeln.

Ich kenne viele Frauen die diesen Prozess der persönlichen Entwicklung schon sehr früh durchlebt haben und nun zu echten Persönlichkeiten geworden sind wenn es um Leben, Liebe und wahres Glück geht. Für diese Frauen hege ich den größten Respekt weil sie, wider die Umstände, das Beste aus sich herausholen konnten obwohl niemand sie in irgendeiner Weise kritisiert hat. Vielmehr haben sie sie von Anfang an vergöttert was normalerweise dazu führt, dass der Mensch sich lieber ausruht und aufhört an sich und seinen Träumen zu arbeiten.

Der Gegenpart – Die selfmade Persönlichkeit

Stellen wir uns einen jungen Mann vor, der diese ganzen Sachen nie hatte. Er ist sozial sehr inkompatibel, bedeutet er hat nie gelernt sozial intelligent zu interagieren und er hat generell eine introvertierte Persönlichkeit. Er hat zwar viele Qualitäten, bringt diese aber nie zum Ausdruck da er in dieser sozial komplizierten Welt keinen Anschluss findet. Er wird somit nie für seinen Charakter gelobt weil er diesen nicht zeigen kann.

Die Entwicklung des jungen Mannes kann viele verschieden Gründe haben. Solch ein Ergebnis kommt meistens von der Erziehung der Eltern. Solche Männer haben zumeist nie eine richtige Vaterfigur gehabt welche ihnen gezeigt hat, was es bedeutet ein wahrer Mann zu sein. Oft übernehmen die Frauen die Erziehung was zu einem bestimmten Punkt auch völlig normal und ok ist. Allerdings wird eine einseitige Erziehung durch die modernen Umstände sehr unterstützt. Unabhängig davon wie es aber zu dieser sehr schüchternen Persönlichkeit gekommen ist, wächst der Mann ohne richtige Erfahrungen im Bereich Liebe, Persönlichkeit und Beziehungen auf. Das muss allerdings nicht bedeutet das diese etwas negative Entwicklung von ewiger Dauer sein muss. In dieser anfänglichen Schwäche liegt meistens die größte Stärke von jedem Mann der sich persönlich weiterentwickeln will.

Aus dieser anfänglich vermeintlichen Schwäche des Charakters kann mit der richtigen Zutat ein wahrer Phönix aus der Asche aufsteigen. Wenn der Schmerz der Verwehrungen des Lebens bei dem Mann zu groß wird, entscheidet er sich diesen Zustand mit allen Mitteln zu beenden. Vielleicht befindest Du dich gerade in einer ähnlichen Situation oder Du erkennst dich in dem einen oder anderen Detail meiner Beschreibung wieder und hast deshalb die Entscheidung getroffen dieses Buch zu erstehen. Aus diesem Bedürfnis diesen Teil des Lebens auf die Reihe zu bekommen erwacht ein unstillbarer Hunger auf Informationen, eine Motivation, welche es einem ermöglicht sich ständig weiterzubilden, weiterzuentwickeln, neue Strategien für die Verbesserung dieses Lebensbereiches zu finden. Wenn der Lebensbereich seinen feinschliff bekommen hat, ist es aber noch nicht genug mit der Power die in der anfänglichen Schwäche liegt...

Aus eigener Erfahrung und aus den Erfahrungen meiner Freunde und sogar meiner Vorbilder kann ich mit absoluter Sicherheit behaupten, dass es nicht bei der Verbesserung des einen Lebensbereiches verbleibt. Wenn man einmal die Macht der Selbstoptimierung gekostet hat, will man diese auch auf die anderen Lebensbereiche übertragen. Auf einmal werden neben sozialen Aspekten auch finanzielle, körperliche und spirituelle Aspekte interessant und man lernt eine ganz neue Ebene des Lebens kennen, das wahre und bewusste Leben (Auch „Out of the box" genannt). Man lernt, dass das Leben einen prozessorientierten Sinn hat und kein richtiges Endziel besitzt. Aus diesem Grund verbessert man sich täglich und zwar in allen möglichen Bereichen die das Leben zu bieten hat.

Alles was eine schöne Frau erst nach ihren besten Tagen lernen muss, wird von einem anfangs schüchternen Mann schon in seiner Blüte erlernt und bietet damit einen enormen Vorsprung und eine clevere Weitsicht. Manche schöne Frauen haben diesen Hunger nach mehr auf irgendeine Weise doch bekommen und sind damit ihren Geschlechtsgenossinnen auch um Jahre voraus. Diese Entwicklung ist aber viel seltener als bei Männern da Männer in unserer heutigen Gesellschaft einen geringeren Wert haben, jedenfalls wenn es um die Verfügbarkeit für Sex geht (Eine schöne Frau könnte jeden haben, ein Mann muss sich dies sexuelle Unabhängigkeit mühsam erarbeiten um auch nur auf einen Bruchteil des Standards der Frau zu kommen). Deshalb gibt es mehr Frauenmodels als Männermodels und generell ist die Werbung eher auf die weibliche Seite fixiert. Das ändert sich auch nicht, außer wir Männer hören auf so notgeil durch die Weltgeschichte zu gehen, was sehr unwahrscheinlich ist.

Diese Tatsachen will ich auch auf gar keinen Fall verurteilen. Sie liefern immerhin die Voraussetzungen dazu, dass einige Männer, die sich selbst weiterentwickeln, zu absoluten Überfliegern mutieren. Ein wunderbares Beispiel dafür ist wohl Arnold Schwarzenegger, welcher eine beeindruckende Karriere hingelegt hat. Seine Biografie hat mir gezeigt, was selbst mit den schlechtesten Umständen möglich ist. Wenn es um eine Motivation geht mit etwas anzufangen ist dieses Buch wohl das richtige für Dich. Ich habe es gelesen und kann es einfach nur weiterempfehlen: **Total Recall: Die wahre Geschichte meines Lebens** – Arnold Schwarzenegger.

Die Möglichkeiten der schönen Frauen

Wie schon gesagt ruhen sich die meisten schönen Frauen auf ihrem anfänglichen Hoch aus und erleben dann den Schock weil ihre Schönheit mit der Zeit verfliegt. Allerdings haben genau diese Frauen auch eigentlich die besten Voraussetzungen Karriere zu machen und ihr Hoch noch weiter auszubauen. Vor allem im heutigen Zeitalter in welchem Selbstdarstellung das A und O ist, wird es schönen Frauen ermöglicht aus ihrem Aussehen eine Geldgrube zu machen. Instagram ist dafür ein sehr gutes Beispiel. Einer schönen Frau folgen normalerweise extrem viele Männer. Wenn die Frauen dann noch ein wenig mehr Arbeit in diese Geschäftsmöglichkeit stecken würden, würden sie ihr gutes Aussehen auch dazu nutzen, um Geld damit zu verdienen, was definitiv nicht zu verurteilen ist. Die Frauen die dies schon erfolgreich machen, können sich im Alter, wenn ihre Schönheit langsam verblasst ist, gemütlich zur Ruhe setzen. Viele Frauen trauen sich aber genau diesen Schritt nicht weil die Gesellschaft sie dann als Schlampe bezeichnet. Die Kunst der Frauen ist es also auf äußere Einflüsse und Meinungen anderer nichts zu geben und ihr eigenes Ding durchzuziehen. Das gelingt allerdings leider nicht vielen...

Fazit

Schöne Frauen sind mit Nichten zu beneiden. Die äußeren Einflüsse spielen ihnen eine verschönte Welt vor in der sie nie den wahren Wert von Charakter und anderen persönlichen Stärken kennenlernen und sich deshalb auch kaum weiterentwickeln können. Sie sind Opfer der Behandlung wie eine Prinzessin und somit mit fortschreitendem Alter gefährdet, dass ihre ganze Welt zusammenbricht. Die vermeintlichen Schwächen von Männern zahlen sich in der Zukunft meistes aus und sie kommen gestärkt aus der Zeit heraus. An die Frauen, die es doch schaffen durch diese Parade der Bestätigung hindurch zu kommen, kann man nur Respekt und wohlwollen zollen.

Kapitel 2:
Warum stehen Frauen auf Alpha-Männer?

„Am besten mit Frauen kommen diejenigen Männer aus, die ebenso gut ohne die Frauen auskommen"

„Frauen stehen nur auf Arschlöcher". Das ist jedenfalls eine altbekannte Aussage von Männern die sich nicht erklären können warum Frauen gerade auf die Männer stehen, die sie offensichtlich nicht in das Zentrum ihrer Aufmerksamkeit stellen. Die Männer die sich darüber den Kopf zerbrechen und den Frauen einfach alles geben, wonach sie verlangen, werden in der Verführungs-Szene gemeinhin als Betas bezeichnet. Das ist nicht unbedingt eine Abwertung deren Person sondern eine Bezeichnung für deren Verhalten wenn es um Frauen oder andere soziale Interaktionen geht. Betas müssen immer wieder schmerzlich feststellen, dass ihr „Nice-Guy"-Verhalten bei den Frauen einfach nicht funktioniert. Frauen fühlen sich eben eher zu den vermeintlichen Arschlöchern, den Alphas, hingezogen. Diese Präferenz ist auch extrem natürlich und stammt noch aus Uhrzeiten, denn unser Verhalten im sozialen Bereich hat sich über die Jahrtausende nur minimal geändert.

Früher waren die Menschen noch in kleineren Gruppen unterwegs, ähnlich kleiner Stämme. Natürlich brauchte so eine kleine Gruppe einen Führer und diese war das Alpha. Die Aufgabe des Führers konnte natürlich nur einer, der stärkste übernehmen. Kurz gesagt der mit den besten Genen. Die Frauen der Gruppe wurden natürlich von der Evolution so geprägt die besten Gene für ihren Nachwuchs zu suchen und waren somit alle dem Alpha verfallen. Eine Gruppe bauchte allerdings auch mehrere Männer, damit der Stamm beschützt werden konnte. Dafür gab es die Gefolgsleute des Alphas, die Betas. Die Betas waren körperlich schwächer als der Alpha aber ihre größte Unterlegenheit gegenüber dem Alpha war es, dass sie die Gruppe nicht leiten konnten und nur gefolgt sind. Er sicherte das Überleben der Gruppe und dafür bekam er Respekt der Betas und meistens auch alle Frauen. Heutzutage ist es durch die moderne Gesellschaft nicht mehr der stärkste Mann der zum Alpha wird. Da sich das Flirten als Mittel zur Partnerfindung durchgesetzt hat, ist es nun der sozial Intelligenteste der die Gunst der Betas und die der Frauen bekommt. Heutzutage ist es aber noch genauso wie damals. Viele Menschen sind nur Follower, die wenigsten Männer etablieren sich als die Alphas, die Leader. Diese werden, sozial gesehen, immer noch von allen geschätzt, respektiert und bewundert.

Sind reiche und gutaussehende Männer Alphas?

Dieses Vorurteil hört man immer wieder.

„Frauen finden nur reiche, erfolgreiche und gutaussehende Männer anziehend.“

Ich bin sehr geteilter Meinung zu dieser Aussage. Ich finde, dass sie ein Quäntchen Wahrheit enthält, vor allem aus der Überlegung heraus, dass diese Männer meistens eine sehr alphahafte Einstellung zu den Dingen haben und diese Einstellung dann die Frauen anzieht. Gucken wir uns die Eigenschaften eines Alphas an, sehen wir, dass es viele Gemeinsamkeiten zu sehr erfolgreichen und demnach reichen Männern gibt. Diese haben meistens klare Ziele im Leben, wissen genau wo sie hinwollen. Sie leiten und inspirieren die Leute um sie herum. Vor allem haben sie die Eigenschaft der Unabhängigkeit. Sie lassen sich von nichts und niemandem von ihren Zielen ablenken, vor allem von Frauen nicht. Diese Unabhängigkeit und die Tatsache das Frauen nicht das Nummer eins Ziel in ihrem Leben sind, macht sie für dieselben so anziehend und attraktiv. Ein Alpha-Mann kennt seinen Wert und weiß wer er ist und was er will.

Natürlich sind nicht alle Männer die reich sind mit diesem Mindset ausgestattet. Meistens sind es nur die Selfmade-Millionäre die diese Mindsets an den Tag legen, einfach weil sie schon eine Menge durchgemacht haben und dadurch Erfahrung und Reife geerntet haben. Im Grunde ist es also nur die Einstellung die bei reichen Männern die Frauen anzieht, welche jeder Mann erlernen kann, egal ob reich oder arm.

Natürlich gibt es aber da noch die Frauen die wirklich nur auf das Geld der Männer scharf sind. Diese als „Gold-Digger" bezeichneten Frauen sind allerdings sehr selten und haben nicht zuletzt eine etwas verwirrte Persönlichkeitsstörung die mit verschobenen Werten zu tun hat.

Zu dem guten Aussehen kann ich nur sagen, dass es definitiv keine Voraussetzung für den Erfolg mit Frauen darstellt. Natürlich sollte man sich pflegen und seinen eigenen Körper schätzen, allerdings sind andere Faktoren nicht beeinflussbar. Schon alleine aus der Hinsicht macht es wenig Sinn sich darüber den Kopf zu zerbrechen. Man kann sie sowieso nicht beeinflussen. Dein Aussehen ist nur entscheidend, wenn Dich die Frau noch nicht kennt. Sobald Du sie dann angesprochen hast, machst Du auch ein vermeintlich schlechtes Aussehen mit viel passiver Anziehung wieder wett, die Du durch dein Ansprechen aufgebaut hast. Wenn Dich das Thema des richtigen und erfolgreichen Ansprechens mehr interessiert, kann ich Dir nur mein Buch empfehlen welches sich komplett mit dem Thema auseinander setzt: **Frauen ansprechen: Besiege Deine Ansprechangst und erobere das Herz Deiner Traumfrau.**

Im nächsten Kapitel geht es vor allem um die Unterschiede von zwischen Mann und Frau welche in der Kommunikation und der Denk- und Verhaltensweise liegen.

Kapitel 3:
Das „unlogische" Verhalten der Frauen

„Die große Frage die ich trotz meines dreißigjährigen Studiums
der weiblichen Seele nicht zu beantworten vermag, lautet: "Was
will eine Frau eigentlich?""
– Sigmund Freud

Dass Sigmund Freud nur die besten Absichten mit seinem
Studium hatte, ist unbestreitbar. Allerdings war er, wie viele
berühmte Persönlichkeiten seiner Zeit, ein großer Denker, aber
kein großer Fühler. Er war schlichtweg ein ganz normaler Mann.

Dass die Kommunikation der beiden Geschlechter ein wenig
unterschiedlich ist, dürfte die Gattung der Männer in den vielen
Tausend Jahren unseres Bestehens schon herausgefunden
haben. Allerdings scheinen die Botschaften der Frauen nie zu
unseren männlichen Hirnrinden vordringen zu können. Sprüche
wie: „Frauen kann Mann nicht verstehen." „Was Frauen sagen,
macht keinen Sinn!" und „Frauen verstehen selbst Frauen nicht."
sind mit Abstand die Liebsten Zitate der Männer, wenn es um
das weibliche Geschlecht geht. Du bist sicherlich auch schon ein
oder mehrere Male an dem Verhalten einer Frau verzweifelt und
konntest Dir um Gottes Willen nicht erklären wie dieses
zustande kommt. Diese Fragezeichen über deinem Kopf sollen
nun ausgelöscht werden!

In diesem Kapitel soll endlich ein Licht hinter die Fassade des
weiblichen Verstandes gebracht werden. Jetzt wirst Du erfahren,
warum Frauen genau so und nicht anders handeln und denken.

Die geschlechterspezifischen Energien

Schon Mutter Natur hat Männchen und Weibchen komplett verschieden konstruiert. Das kann man vor allem in ihren Energien einsehen, welche in die urzeitliche kleine Gruppe gebracht werden sollten. Die Männer mussten die Gruppe leiten und führ die nötige Nahrung sorgen. Ihre Energie wurde und ist auch heute noch von starker strebender Logik geprägt welche sehr energetisch und aggressiv ist. Männer sind so angelegt um immer einen Plan zu haben der sie und die Gruppe weiterbringt.

Die weibliche Energie wurde im Gegensatz dazu darauf ausgelegt emotional ruhig, einnehmend und beschützend zu sein. Die Frauen mussten sich damals um jeden aus der Gruppe kümmern. Vor allem die Kinder mussten mit größter Fürsorge behandelt werden.

Die weibliche emotionale Seite

Was Männer fast nie an Frauen verstehen, ist ihre starke Emotionalität. Durch ihre natürliche Veranlagung und Energie sind sie extrem emotional. Sie denken und handeln fast ausschließlich nach ihren Gefühlen. Gefühle und Emotionen sind ständig im Wandel weshalb die Stimmung der Frauen auch ständig wechselt. Das macht sie vor allem für uns Männer so unberechenbar und schwer verständlich.

Frauen lieben ihre Emotionen, all ihre Emotionen. Vor allem genießen sie auch ihre negativen Emotionen. Unterbreche also niemals eine Frau die gerade in Tränen steht. Für uns Männer ist das natürlich meist sehr unverständlich aber Emotionen, die negativen wie die positiven, sind die Quelle der weiblichen Energie. Männer die ihre weibliche emotionale Seite auch zum Vorschein bringen werden von Frauen besonders geschätzt und bewundert da sie zu ihren Gefühlen stehen und damit sie selbst sind. Männer wie Frauen sind nämlich nicht zu 100% mit männlicher oder weiblicher Energie durchströmt. Wir alle haben eine einzigartige Zusammensetzung dieser Energien und vor allem angehende Verführungskünstler sollten beide Energien von sich kennen und akzeptieren. Das hilft uns Männern uns in das andere Geschlecht wahrlich „hinein zu fühlen".

Wie kann man Frauen „lesen"

Wenn man sich beim Verstehen der Frau auf seine männliche logische Seite verlässt wird man sehr schnell enttäuscht und es kommt zu vielen Ungereimtheiten. Wie Du gelernt hast, solltest Du dich nicht auf die sich ständig ändernden Emotionen der Frau verlassen. Wenn Du eine Frau wirklich verstehen willst, solltest Du vor allem auf ihr Handel schauen. Verhält sie sich anders als sonst, zeigt sie besondere Mikroausdrücke im Gesicht die dir mehr über ihren emotionalen Zustand verraten könnten? Wenn sie etwas sagt und tut, muss das nicht heißen, dass sie es am nächsten Tag oder sogar der nächsten Stunde auch noch so meint. Ihre Emotionen haben sich halt gegenüber dem Thema geändert.

Das ist natürlich nur eine grobe Anleitung dafür was dich erwarten könnte, wenn Du eine Frau versuchst zu lesen. Wahrscheinlich werden Deine Fragen aber in den nächsten Kapiteln geklärt welche sich mehr mit dem Wesen und dem Verhalten von Frauen in Beziehungen, und generell gegenüber Männern, beschäftigen.

Kapitel 4:
Finde die Königin, vermeide die Manipulatorin

„Manche Männer bemühen sich lebenslang, das Wesen einer
Frau zu verstehen. Andere befassen sich mit weniger
schwierigen Dingen z.B. der Relativitätstheorie."
- Albert Einstein

Vor allem wenn es um Beziehungen geht, ist die Wahl der
richtigen Frau entscheidend für den Erfolg dieser. Als Mann will
man natürlich eine Frau welche es „Wert" ist. Man will die
„Richtige" finden, jemanden mit dem man selbst wachsen kann
und mit dem man sich weiterentwickelt. Aber nicht jede Frau ist
für diese hohen Ansprüche geeignet. Jede Frau ist anders und auf
ihre Art und Weise einzigartig. Allerdings kann man sie in
gewisse, stark verallgemeinernde, Gruppen sortieren, welche
einen guten Ausblick über die Qualitäten der Frau geben. Ich
stelle Dir jetzt diese Gruppen vor, wie Du sie erkennst und in
welchen Du wahre Königinnen, und in welchen Du die
Manipulatorinnen findest, mit denen Du dich nicht connecten
willst.

Allgemein gibt es eine Unterteilung der Frauen in HSE/LSE und
in HD/LD.

LSE (Low Self-esteem) – Niedriges Selbstbewusstsein

In dieser Kategorie befinden sich ca. 85-90% aller Frauen. Niedriges Selbstbewusstsein ist bei diesen Frauen natürlich nicht von Anfang an vorhanden. Meistens können die Frauen selbst nichts dafür. Der größte Faktor der dafür sorgt, dass so viele Frauen ein niedriges Selbstbewusstsein haben ist die Gesellschaft und vor allem die Medien und ihre Werbekampagnen in welchen immer die ideale Frau dargestellt wird. Frauen vergleichen sich dann mit diesen Idealbildern und können diesem natürlich nicht entsprechen. Minderwertigkeitskomplexe sind, bei der sehr emotionalen Denkweise der Frauen, die Folge.

Wie erkennt man LSE-Frauen?

LSE Frauen sind typische Party-Mädels. Sie müssen stark auf ihr äußeres achten um ihr niedriges Selbstbewusstsein zum kompensieren. Sie müssen sich immer von der besten Seite zeigen, sich immer und überall präsentieren. Das kann man vor allem in sozialen Netzwerken sehen wo es von Instagram-Hundefiltern nur so wimmelt. Sie setzen meist eine Maske auf und wenn man sie für ihr äußeres oder inneres kritisiert reagieren sie besonders stark darauf. Sie wollen es allen Leuten in ihrer Umgebung recht machen und möglichst jeden auf ihrer Seite wissen. Sie sind geborene Lästerschwestern weil sie andere Menschen herunter ziehen müssen um eigene Schwächen zu verbergen. Ein Mensch der vollkommen mit sich im Reinen ist, würde niemals versuchen andere Menschen herunterzuziehen.

Wie geht man mit LSE-Frauen um?

LSE-Frauen reagieren besonders gut auf das typische Necken. Kleine Kommentare die auf ihr äußeres oder kleine Makel abzielen die sie an sich selbst ein wenig unattraktiv finden. Natürlich sollten diese Kommentare nie ernst gemeint sein, sondern immer mit einem ironischen Unterton ausgesprochen werden. Je weniger Aufmerksamkeit eine LSE-Frau bekommt, desto mehr will sie. Gebe also nie deine volle Aufmerksamkeit an sie ab und nimm sie nie komplett ernst. Bestätigung ist wie ein Futter für sie welches man sehr knapp halten sollte. Gibst Du zu viel, wird die LSE-Frau schnell das Interesse verlieren. Diese Frauen stehen vor allem auf das typische „Arschloch" und können mit echter Zuneigung nicht viel anfangen.

Dieser Typ Frau ist vor allem für eine längerfristige Beziehung ungeeignet, da die Frauen in dieser Kategorie immer von den Meinungen anderer abhängig sind. Es ist also sehr schwer sich mit diesem Typ Frau weiterzuentwickeln. Diese Frauen leben von Drama und sind deshalb in einer Beziehung eher stresserzeugend als entspannend. Viel mehr als eine Freundschaft + ist mit diesen Frauen nicht empfehlenswert obwohl letzteres sich auch meistens als schwierig herausstellt, da diese Art der Beziehung nicht in das allgemeine sozial konditionierte Gesellschaftsbild passt. Davon lassen sie sich noch stark leiten und deshalb passt es auch nicht mit dem realen Gesellschaftsbild der Verführungskünstler zusammen. Diese Frauen sind allerdings für One-Night-Stands oder kürzere Romanzen geeignet.

Ich will hier noch einmal anmerken das diese Kategorisierung rein verallgemeinert und nicht verurteilend gemeint ist. LSE-Frauen können sich durchaus mit der Zeit zu HSE-Frauen entwickeln. Am häufigsten passiert dies nach der Pubertät.

HSE (High Self-esteem) – Hohes Selbstbewusstsein

Frauen mit wirklich hohem Selbstbewusstsein sind in der heutigen Zeit relativ selten geworden. Die Medien haben ein Frauenbild geschaffen welches für die meisten unmöglich zu erreichen ist. Frauen mit hohem Selbstbewusstsein wissen, dass sie so ok sind wie sie sind, egal was auch passiert. Sie haben eine Art höheres Bewusstsein welches vor allem durch eine gute Erziehung und eine stabile Bindung zu dem Vater entsteht. Frauen mit hohem Selbstbewusstsein reagieren nicht wie die LSE-Frauen auf das typische Arschlochverhalten sondern eher auf Wahrhaftigkeit. Sie testen nicht dein Selbstbewusstsein sondern Deine Entschlossenheit also wie ernst Du die Dinge meinst, die Du sagst. Natürlich ist das alles stark verallgemeinert, denn jede Frau besitzt beide Seiten in sich. Allerdings ist eine immer dominant und führt eher zu einer Connection als die andere.

Wie erkennt man HSE-Frauen?
HSE-Frauen reagieren auf vieles Necken relativ passiv. Sie haben so ein hohes Selbstbewusstsein, dass es ihnen vollkommen egal ist, wenn jemand an ihnen etwas auszusetzen hat. Sie wissen, dass sie so in Ordnung sind wie sie sind. Sie wissen was Sie wollen im Leben und treffen ihre Entscheidungen ohne viel auf andere Meinungen zu hören. Sie lieben ihre Freiheit und können diese auch ohne Schuldgefühle ausleben. Sexuell gesehen sind sie meistens offener als LSE-Frauen, vor allem wenn es um alternative Beziehungsmodelle geht oder öfter wechselnde Partner. Das muss allerdings nicht immer so sein sondern ist wie gesagt nur stark verallgemeinert.

Wie geht man mit HSE-Frauen um?

HSE-Frauen stehen vor allem auf Unabhängigkeit. Da dies für sie selbst eine wichtige Eigenschaft ist, ist sie es auch für ihre Vorliebe bei den Eigenschaften von Männern. Offenheit, Ehrlichkeit und Selbstbewusstsein sind die Schlüssel zum Herzen von HSE-Frauen. HSE-Frauen finden es unglaublich attraktiv, wenn ein Mann zu dem steht wer er ist und was er will. Sie reagieren weniger auf das typische Macho-Gehabe und lassen sich mehr von echten Gefühlen fesseln.

Dieser Typ Frau ist ideal geeignet für eine ernsthafte Beziehung. Man erspart sich mit solch einer Frau nicht nur sehr viel Drama, sondern kann sich auch zusammen mit ihr ideal weiterentwickeln. Vor allem HSE-Männer können mit diesem Typ Frau sehr gut kommunizieren da sich gleiche Typen immer unterbewusst anziehen. Genauso verhält es sich mit LSE-Männern und Frauen.

HD und LD (Hoher-Sexdrive/Low(niedriger)-Sexdrive)

Bei dieser Kategorisierung geht es vor allem darum, zu bestimmen ob eine Frau ein starkes Verlangen nach Sex hat oder nicht. LSE oder HSE Frauen können jeweils eine der beiden Eigenschaften besitzen. Bei den vorigen Erklärungen bin ich immer von einer Frau mit einem hohen sexdrive ausgegangen. Jetzt sehen wir uns einmal an wie man mit Frauen der beiden Kategorien umgeht, wenn sie keinen hohen sexdrive haben.

HSE/LD Frau:

Mit diesem Typ Frau kann man zwar meist keine sexuelle Spannung aufbauen, jedoch extrem tiefe Gespräche führen. HSE/LD Frauen sind ideale beste Freundinnen bei welchen die Beziehung nie durch zufällig passierten Sex zerstört wird. Sie sind ideale Zuhörer und können auch ernstgemeinte und gute Ratschläge geben. Dabei liefern sie jedoch im Gegensatz zu männlichen besten Freunden eine andere Sichtweise auf die Dinge und dazu noch eine Dosis weibliche beruhigende Energie. Es lohnt sich auf jeden Fall eine platonische Beziehung zu HSE/LD Frauen aufzubauen.

Ein weiterer Vorteil von dieser Kategorie ist es, dass sie Dir als Mann sehr viel sozialen Wert zukommen lassen, wenn es um andere Frauen geht. Besonders bei sehr attraktiven HSE/LD Frauen wirkt sich dieser Effekt verstärkt aus. Im sozialen Kreis sind diese Frauen die ultimativen Magneten für andere potenzielle Frauen da sie sympathisch und offen sind und obendrein noch sehr gut mit Männern UND Frauen umgehen können. Der Wert einer HSE/LD Frau sollte niemals unterschätzt werden, nur, weil man mit ihr nicht schlafen kann oder will. Meistens sind es gerade diese Frauen die Dir den Zugang zu den hochqualitativen Frauen ermöglichen.

LSE/LD Frauen:

Jetzt kommen wir mit Abstand zur schlimmsten Kategorie welche eigentlich eine der Hauptgründe ist, warum ich dieses Kapitel in diesem Buch hinzugefügt habe. Jetzt geht es um die hochmanipulativen LSE/LD Frauen. Eine Warnung vorne weg: Lasse Dich niemals auf solch eine Frau ein. Weder sexuell noch platonisch wird sie Dein Leben unterbewusst herunterziehen und es am Ende bereuen. Wie Du diese Art der Frau erkennst und wie Du von ihr loskommst und vor allem warum sie so sind wie sie sind zeige ich Dir jetzt.

Im Grunde kann man diese Art von Frauen an einem bestimmten Merkmal erkennen: Sie sind wahrlich unberechenbar. Sie haben kein Muster an Verhaltensweisen und reagieren auf die gleiche Sache immer unterschiedlich. Es fällt schwer die Emotionen dieser Frauen hoch oder nach unten zu bringen, weil sie meistens selbst nicht wissen was sie fühlen. Oft sind sie kalt und reaktionslos und wirken in ihren Ausdrücken und Emotionen gespielt und einfach unecht. Vor allem Anfänger können dieses spielen der Emotionen noch nicht auseinanderhalten. Dies ist auch eher eine Sache des Bauchgefühls, welches mit mehr Erfahrung mit Frauen und generell im Leben, antrainiert wird.

Diese Art der Frau wird von einer Fähigkeit besonders ausgezeichnet: Die Fähigkeit andere Menschen zu manipulieren. Es ist definitiv eine psychische Instabilität die für solch ein Verhalten sorgt. Dieses Verhalten wurde allerdings anerzogen. Ich möchte hier weder der Frau die Schuld für ihr Verhalten geben (da sie es nicht besser gelernt hat und nie andere positive Erfahrungen sammeln konnte), noch möchte ich den Erziehenden die Schuld geben. Meist sind es sehr erschreckende Umstände die zu solch einem Charakter führen. Da man die ganzen Hintergründe darum nicht kennt, will ich mich von jeglicher Wertung fernhalten und nur allgemein über das Verhalten reden.

Wenn eine Frau nur gelernt hat, mit Manipulation im Leben weiterzukommen, wird sie auch nur Manipulation verwenden. Vielleicht wurde sie ja schon einmal für ihre „Echtheit" bestraft. Vor allem Männer sind es die diesem manipulativen Verhalten zum Opfer fallen. Obwohl die LSE/LD Frau auch andere Frauen manipuliert (ein gutes Beispiel davon sind ständig wechselnde „beste Freundinnen" die wegen Kleinigkeiten verstoßen werden) sind die Männer bei ihr noch härter dran. Oft manipuliert eine solche Frau einen Mann so stark, dass der Mann sich innerhalb von Wochen vom Alpha zum untersten Beta-Mann entwickelt. Vor allem liegt es daran, dass die Frau keinen sexuellen Kontakt zulässt. Sie gibt dem Mann zwar einen Knochen, lässt aber das ganze Paket verschlossen. Männer, die das nicht vorzeitig erkennen werden in den Wahnsinn getrieben. Die Frau versucht durch das manipulative Verhalten immer mehr zu Nehmen und der Mann gibt immer mehr ohne dafür etwas zu bekommen.

Wenn Du diesen Typ Frau erkennen solltest, vermeide am besten jeden weiteren Kontakt. Es gibt genug andere Frauen für die sich die investierte Zeit lohnt. Solltest Du den Kontakt nicht abbrechen könnte es sein, dass die Frau dich versucht immer mehr zu manipulieren (und die sind verdammt gut darin, glaube mir). Sie versucht Dein Leben zu kontrollieren und immer mehr ihren Bedürfnissen anzupassen. Durch ihre Negativität werde auch Deine Gedanken beeinflusst und immer mehr in den Abgrund gezogen. Versuche auch bitte nicht die Frau in ihrer Person zu ändern, da sie das als selbst als Manipulationsversuch auffassen würde.

Im Prinzip kann man LSE/LD Frauen nicht viel helfen außer sich von ihnen fernzuhalten. Fokussiere Dich lieber auf die Frauen im Leben die Dich unterstützen und Dich verstehen. Das sind die Art von Beziehungen, die sich jeder Mann wünscht und die auch jede Frau im Gegenzug schätzt.

Kapitel 5:
Die Natur der Betaisation

"Die meisten Frauen setzen alles daran, einen Mann zu ändern,
und wenn sie ihn dann geändert haben, mögen sie ihn nicht
mehr."
- Marlene Dietrich

Jetzt kommen wir zum wahrscheinlich wichtigsten Kapitel in dem gesamten Buch. Ich werde Dir nun verraten, warum ca. 50% aller Beziehungen scheitern.

Wie Marlene Dietrich es ausgedrückt hat, kann man es wohl nicht besser treffen. In diesem Kapitel geht es um den Betaisationsprozess. Was genau das ist, warum Frauen absolute Meister darin sind, wie Du deine Beziehungen durch das Wissen darüber am Laufen hältst und sie langfristig verbesserst. Es mag während meiner Erklärungen meistens so wirken, als wären die Frauen oder die Männer an diesem Prozess schuld. Dieser ist allerdings ganz natürlich und lässt sich nur durch ein genaues Verständnis beider Seiten stoppen. Du wirst mit dem Wissen zwar nicht jede Beziehung zu jeder Frau stabil halten können, Du wirst allerdings ein tiefes Verständnis für langfristige Beziehungsdynamiken bekommen, welches die Verbindungen zu dem anderen Geschlecht dramatisch verbessern wird.

Was bedeutet Betaisation und warum macht die Frau das?

Betaisation ist grob gesagt der Prozess bei dem die Frau versucht den Mann für eine längere Zeit an sich zu binden. Gesellschaftlich ist dies sehr akzeptiert und wird durch Begriffe wie der der Ehe und eine „feste Beziehung" unterstützt. Diese Konzepte der Beziehung zwischen Mann und Frau haben sich besonders durchgesetzt, da sie der Natur der Betaisation der Männer durch Frauen entsprechen.

Schon in der Urzeit war es von großem Vorteil für die Frau einen starken Mann an sich zu binden. Er beschützte Sie und sorgte für die Weitergabe ihrer Gene und kümmerte sich um den Nachwuchs. Die Aufgabe des Mannes war sehr klar vorbestimmt. Die Frau, bei der Wahl des Partners auf Sicherheit bedacht, musste dafür den Mann so fest wie möglich an sich binden, damit der Nachwuchs sich aufgezogen werden konnte. Durch dieses Bedürfnis von Sicherheit in der Beziehung entwickelten Frauen über die Jahre sehr wirkungsvolle Methoden den Mann für immer an sich zu schweißen. Würde die Frau den Mann vor Erfüllung seiner Aufgabe verlieren, würde Sie mit der Aufzucht der Kleinen auf sich alleine gestellt sein und das wäre natürlich ein Desaster.

Wie schafft die Frau es den Mann an sich zu binden?

Heutzutage ist es ja nicht mehr so dramatisch wenn der Mann die Frau verlässt, allerdings haben sich die Methoden der Frauen, Männer an sie zu binden, gar nicht oder nur zum Teil verändert. Die gängigste Methode den Mann an sich zu binden ist für Frauen jedenfalls gleichgeblieben. Die Methode die ich hier meine nennt sich in der allgemeinen Sprache der Verführungskünstler „Shittests".

Shittests sind im allgemeinen Methoden der Kommunikation von Frauen, welche en Mann testen sollen. Sie testen ihn darauf, ob der Mann praktisch noch der ist, den sie kennengelernt hat und mag. Frauen versuchen damit herauszufinden, ob Du als Mann noch auf deinem eigenen Weg bist und unabhängig von ihr noch überleben kannst. Auf der sexuellen Schiene wäre wohl die Übersetzung für einen Shittest: „Wie gut kannst Du es mir noch besorgen, wie gut kannst Du mich noch verführen und dich interessant machen. Frauen lieben Herausforderungen!

Im nächsten Kapitel will ich Dir einige dieser Shittests vorstellen, wie man Sie besteht und warum sie so gut für uns Verführungskünstler sind, damit auch wir als Männer nicht die Herausforderung beim Flirten vermissen.

Kapitel 6:
Die Verwirrung durch Shittests

„Viele Männer fürchten sich vor den sogenannten Shittests.
Derweilen sind sie einer der besten Indikatoren für Interesse am
Mann."
- Der Autor

„If I were sorry
I'd give you all the glory
If I were sorry
It would be a different story"
(Lyrics des Liedes "If I were sorry")
- Frans (schwedischer Sänger)

Über die Jahre haben sich Frauen die verschiedensten Shittests
zu eigen gemacht. Viele sind sehr subtil, andere wiederum sehr
offensichtlich. Ich will Dir in diesem Kapitel zum Abschluss die 5
häufigsten Shittests vorstellen, wie normale Männer auf sie
reagieren, wie neue „Pickup-Artists" darauf reagieren und
letztendlich wie Du darauf reagieren solltest. Beachte bitte, dass
Du nicht alle Shittests einer Frau zu 100% bestehen musst. Es
reicht lediglich die meisten zu bestehen. Das hebt Dich schon von
ca. 99% der Männer ab mit denen die Frau sonst zu tun hat. Am
Ende werde Ich Dir noch die geheimen Konzepte verraten, mit
denen Du einfach jeden Shittests bestehen kannst.

Beachte auch immer, dass man die Frau niemals für diese
Shittests verurteilen darf, egal wie unlogisch sie auch scheinen.
Die meisten Frauen benutzen Sie unterbewusst und sie dienen
lediglich dazu ihren bestehenden Partner auf die Kompatibilität
zu testen. Sie sind ein Teil des Prozesses der natürlichen
Partnerauslese und völlig normal.

Eifersucht

Eifersucht ist wahrscheinlich der bekannteste Shittests da ihn nahezu jede Frau benutzt und weil er bei jedem Mann funktioniert der nicht weiß wie er damit umzugehen hat. Meistens sind es kleine Geschichten in denen die Frau einen anderen coolen Typen erwähnt welchen Sie kennengelernt hat. Die Frau versucht damit Dein Selbstbewusstsein im Umgang mit Konkurrenz zu testen.

Wenn die meisten Männer von einem anderen coolen Mann hören, werden Sie sofort nervös und fühlen sich in ihrer Stellung bedroht. Ein frischer Pickup-Artist der gerade erst die Bedeutung des Tests gelernt hat, würde wahrscheinlich die Frau zur Rede stellen und ihr sagen, dass sie ihn nur eifersüchtig machen will, was genauso schlimm wäre wie jeder eifersüchtige andere Kerl.

Die beste Art auf diesen Shittest zu reagieren ist es jedoch der Frau zuzuhören und ihr zuzustimmen. Wenn von Dir aus auf einmal auch Begeisterung für den anderen Mann kommt weiß die Frau, dass Du dich von Konkurrenz verrückt machen lässt und andere Männer akzeptierst und sogar schätzt.

„Entweder Sie oder Ich":

Das ist wohl einer der härtesten Shittests. Es benötigt sehr viel Mut ihn zu bestehen, weil er so unlogisch für uns Männer ist und uns mental unter Druck setzten soll. Die Frau äußert ihn, wenn Sie fühlt, dass Du ihr nicht genügend Aufmerksamkeit gibst und erstellt dann eine Art Ultimatum für Dich. HSE Frauen benutzen diesen Shittest übrigens weniger, weil sie sich ihres Wertes bewusst sind und nicht immer die volle Aufmerksamkeit brauchen.

Ein normaler Typ würde es als eine Entscheidung auf Leben und Tod sehen. Entweder er entscheidet sich für oder gegen die Frau. Wenn er sich gegen sie entscheidet, so glaubt er, verliert er sie, was vor allem LSE-Männer verrückt macht. Ein frischer Pickup-Artist würde die Frau wahrscheinlich verurteilen, dass Sie ihm solch ein Ultimatum stellt.

Der richtige Weg darauf zu reagieren, ist aber der Frau zuzuhören und dieses Ultimatum zu negieren. Ein leises flüstern des Wortes „Nein" in ihr Ohr sollte genügen, damit die Frau weiß, dass Du dich nicht auf ein solches Ultimatum einlässt. Du zeigst ihr damit, dass Du immer noch der Mann bist, der seine Aufmerksamkeit allen Bereichen seines Lebens widmet und nicht einen für sie aufgibt.

„Du bist ein Player!"

Ein sehr oft verwendeter Shittest, vor allem für Männer wie uns. Wenn man erst einmal einen gewissen Grad an Professionalität im Flirten erreicht hat und die Frauen auch nicht ausbleiben, hört man ihn öfter. Die Frau konfrontiert Dich damit, dass Du eine Männliche Hure bist. Das lustige ist, dass sie das insgeheim sehr gut findet, will Dich aber darauf testen wie selbstsicher Du mit deinem Status und deiner Rolle umgehst.

Ein normaler Typ würde wahrscheinlich nervös werden und die Tatsache, dass er bei den Frauen gut ankommt abstreiten. Das ist genau die falsche Methode die Sache zu lösen, denn dann würdest Du Unsicherheit mit deiner eigenen Sexualität ausrücken. Der Pickup Artist würde das komplette Gegenteil machen und wahrscheinlich der Frau zustimmen und prahlen was für ein toller Hecht er doch wäre. Das kommt aber in allen Fällen viel zu angeberisch und überzogen herüber und ist auch keine Ideallösung.

Es gibt 2 Ansätze wie man auf diesen Shittest erfolgreich reagieren kann. Der humorvolle Ansatz und der ehrliche Ansatz. Der humorvolle Ansatz wäre zum Beispiel wenn Du sagst, dass Du doch noch nie im Leben auch nur eine Frau berührt hast. Humorvolle Antworten sollten immer mit einem verschmitzten Lächeln ausgedrückt werden und dann zu einem Themenwechsel führen. Wenn dieser Ansatz nicht klappt oder Du den ehrlichen Ansatz bevorzugst benutzt Du diesen.

Beim ehrlichen Ansatz reagierst Du mit einer sanften gefühlvollen Stimme und sagst noch einmal, dass Du jetzt ehrlich mit ihr sein willst. Dann sagst Du ihr die Wahrheit: Natürlich gibt es andere Frauen in deinem Leben. Du liebst deine Freiheit und Sex mit verschiedenen Frauen und willst diese Freiheit im Moment nicht aufgeben weil andere Lebensbereiche stärker im Fokus stehen (das sollten sie zumindest). Das alle bedeutet aber nicht, dass Du die Zeit mit der Frau nicht in vollen Zügen genießt und das willst Du so sicherlich auch weiterführen. Sag ihr, dass sie zu jeder Zeit gehen kann wenn sie das nicht versteht und Du ihr nicht im Weg bist wenn sie sich mit anderen Männern treffen will.

Diese Worte sind wie Heroin für Frauen. Sie sind ehrlich, drücken Deine Gefühle aus und geben ihr vollkommen Freiheit. Sie mögen zwar nicht sehr logisch klingen aber ich habe noch keine einzige Frau nach dieser Ehrlichkeit gehen sehen.

Die gleiche Art der Ehrlichkeit oder dieselbe Art von Humor kannst Du auch bei dem Shittest „Das sagst Du doch bestimmt zu allen Frauen!" bringen. Die Art der Antwort bleibt hier gleich (natürlich nicht das was Du sagst).

Der „Freeze out"

Beim Freeze out handelt es sich um einen kleinen oder größeren Entzug von Dir. Das kann zum Beispiel Aufmerksamkeit sein, könnte aber auch Sex sein. Im Prinzip soll der Freeze out testen wie gut Du auch ohne die Frau zurechtkommst. Besonders beliebt ist dieser bei LSE Frauen weil auch sie Entzug von Dingen im Leben haben und damit im unreinen sind. Vaterkomplex ist hier ein sehr großes Stichwort. Es können allerdings auch kleinere Dinge sein und nicht alle Frauen benutzen den Freeze out häufig. Hier gilt wieder die Devise einen Freeze out nicht zu verurteilen und ihn als Manipulationsversuch darzustellen. Es ist nur ein Weg für Frauen zu testen ob Du auch eine klare Richtung im Leben hast, die ohne sie immer noch Bestand hat.

Bei einem kleinen Freeze out würde ein normaler Typ wahrscheinlich sehr nervös werden und bei einem großen komplett den Verstand verlieren und sie wieder zu sich zurück betteln. Unter einem großen Freeze out verstehen wir hier, wenn die Frau Dich gar nicht mehr beachtet und sie anscheinend nichts mehr mit Dir zu tun haben will. Ein Frischling also unser typischer Pickup Artist würde die Frau wahrscheinlich dafür verurteilen und sie sogar bei einem kleinen Freeze out der Manipulation bezichtigen. Da eine Frau aber selbst nicht weiß, warum sie den Freeze out macht, wird sie das nur umso mehr von Dir entfernen.

Der richtige Weg mit einem kleinen Freeze out umzugehen ist es, sich nicht aus der Fassung bringen zu lassen, den eigenen Wert im Hinterkopf zu behalten und sich einer anderen Beschäftigung oder anderen Gesprächspartnern zu widmen.

Beim großen Freeze out ist es wichtig, dass Du auf deinem Weg bleibst und Dich von ihr nicht anders und negativ beeinflussen lässt. Du kannst ab und zu einmal mit wenig Investment schauen ob die Frau wieder auf Dich reagiert, mehr jedoch nicht. Eine gute passive Methode die Frau wissen zu lassen, dass Du immer noch Spaß ohne Sie in deinem Leben hast ist, wenn Du coole Bilder und Aktivitäten in deinem Social Media Netz veröffentlichst. Frauen lieben Stalking und wenn Sie sieht, dass Du auf deinem Weg geblieben bist, wird sie evtl. wieder auf Dich zukommen.

Wenn Sie ihre Probleme auf Dir ablädt

Das ist wohl ein sehr subtiler Shittest den Frauen sehr gerne und sehr unterbewusst machen. Sie benutzen Dich als ihren Therapeuten und müllen Dich regelrecht mit ihren Problemen zu. Das Problem ist, dass dabei die positive Stimmung zwischen euch zerstört wird und Du langsam aber sicher zum besten schwulen Freund erzogen wirst. Vor allem wenn Du keine feste Beziehung mit der Person willst, solltest Du Abstand von einer Therapie halten.

Damit Du nicht wie ein herzloses Arschloch dastehst kannst Du ihr auf jeden Fall ein wenig Deiner Empathie für ihre Situation zukommen lassen. Mehr aber nicht! Sie sollte ihre besten Freunde für den Job des Therapeuten zu Rate ziehen. Lasse Sie also in solchen Situationen also mit dem Zuständigen Freund allein, sonst wird sie es sich zur Gewohnheit machen, dich in ihren emotionalen Problemen zu Rate zu ziehen. Am besten Du machst etwas Positives aus dieser Welle an Emotionen und schläfst mit ihr. Versuche es aber nicht zu erzwingen, wenn Sie sich nicht danach fühlt. Versuche können aber nicht schaden lol.

Das allgemeine Rezept gegen Shittests

Hier einige Faustregeln mit denen man alle weiteren Shittest sicher bestehen kann. Dies sind auch die Grundregeln eines natürlichen Umgangs mit Frauen also von hohem Wert für Dich und deinen Charakter!

- Sei niemals wahrhaft emotional verletzt
- Nehme die Frau und Dich selbst niemals zu ernst
- Zeige ihr das Dein Leben aus Spaß und Abenteuer besteht
- Denke und rede niemals komplett logisch
- Kompensiere niemals etwas über
- Unterstelle ihr niemals, dass Sie etwas mit Absicht macht
- Starker Augenkontakt (Vor allem bei Realitätschecks ihrerseits, also wenn Sie wissen will ob Du die Wahrheit sagst)
- Beste die Komfort-Tests indem Du zeigst, dass sie Dir wirklich etwas bedeutest

Wenn Du diese Regeln befolgst sollte nichts in der Beziehung mit der Frau schiefgehen. Hier noch einmal: Du musst nicht unbedingt alle Shittests bestehen. Wenn Du die meisten solide meisterst, bist Du auf einem guten Weg. Viel Glück!

Schlusswort

Abschließend möchte Ich mich noch einmal von ganzem Herzen bei Dir bedanken.

Mit dem Erwerb dieses Ratgebers hast Du mir gezeigt, dass Du Vertrauen in mich, meine Erfahrungen und meine Arbeit gesetzt haben.

All das Wissen habe ich mir über die Jahre mühsam angeeignet und versuche dieses nun so gut und verständlich wie möglich Dir mit auf den Weg zu geben. Ich hoffe Ich kann Dich damit auf Ihrem Lebensweg unterstützen!

Ich hoffe, dass Du einiges aus diesem, bewusst kurz gehaltenen Ratgeber, der alles knackig auf den Punkt bringen sollte, mitnehmen konntest und mit den Inhalten, Tipps und Trick positive Veränderungen erzielen kannst.

Über ein Feedback Deinerseits, mittels einer Bewertung auf Amazon, würde ich mich sehr freuen und es sehr schätzen!

Wenn dich das Thema Flirten, Dating, Beziehungen und Persönlichkeitsentwicklung mehr interessiert, schau doch mal bei meinem Blog vorbei. (**easy-attraction.de**)

Privat erreichst Du mich übrigens am Besten und Schnellsten über mein Instagram (easy_attraction_daniel) wo Du auch einen kleinen Einblick in mein privates Leben bekommst.

Für Deine Motivation und die neusten Updates bekommst Du bei unserer offiziellen Seite auf Instagram (easyattraction_official).

Ich wünsche Dir für deine Zukunft alles erdenklich Gute und hoffe Dich auch weiter auf deinem Weg, mit meinen Erfahrungen und Tipps, unterstützen zu dürfen.

Nicht vergessen: Take fuckin action!,

Daniel

Bonus-kapitel:

Um meine Dankbarkeit noch ein bisschen mehr zum Ausdruck zu bringen möchte ich Dir hier einen kleinen Ausschnitt aus meinem Buch: **Flirten in der Disco** kostenlos schenken. Den Link zum Buch findest Du auch nach diesem Kapitel unter den Büchern des Autors. Viel Spaß!

Kapitel 3: Die Vorbereitung

In diesem Kapitel erfährst Du von mir die wichtigsten Sachen die du vor Beginn des Abends beachten oder machen solltest, denn wie viele Leute sagen: Erfolg ist, wenn die Vorbereitung auf die Gelegenheit trifft.

Der richtige Club:

Als erstes kommen wir zur Wahl der Disco. Wenn du in einer Großstadt wohnst ist das Angebot an Partyschuppen sehr hoch. Es ist deshalb wichtig zu wissen in welchen man am besten gehen sollte um erfolgreich zu flirten und einen spaßigen Abend zu haben.

Meine Empfehlung lautet: Je exklusiver der Club, desto besser. Durch Türsteher wird zum einen die Spreu vom Weizen getrennt, was bedeutet das die ganzen Leute aussortiert werden die zu betrunken sind oder zu plump gekleidet. Beides lässt nicht unbedingt auf Klasse schließen was bedeutet, dass dir lästige Leute vom Leibe gehalten werden.

Auch habe ich gelernt, dass in den exklusiveren Clubs, meistens die besseren Frauen sind, welche es mehr wert sind für Sie auszugehen.

Der Location-Check:

Wenn du weißt welchen Club du besuchen willst ist es wichtig, dass du dir bevor das Getümmel losgeht einen Überblick über den Club verschaffst. Du solltest wissen wo man ungestört flirten kann (Lounges, Sitzmöglichkeiten, Bänke draußen) und wo man seinen Spaßtiger raus lassen kann (Bar, Tanzfläche).

Styling und Hygiene:

Da Frauen und Männer bekanntlich gleichermaßen auf ein gepflegtes äußeres achten will ich dir hier noch ein paar Tipps geben wie du auf einer Disco erscheinen solltest und was dir das Leben leichter macht.

Es versteht sich denke Ich von selbst, dass man nicht ungewaschen auf ein so ohnehin schon schweißtreibendes Event geht. Putz dich fein raus, zieh die Sachen an in denen du dich am wohlsten fühlst. Das gibt dir nochmal einen kleinen Rückhalt in deinem Selbstbewusstsein, denn du weißt: „Ich sehe heute Abend TOP aus!"
Ein großes Thema ist auch immer der Mundgeruch. Vielleicht geht es nur mir so aber immer wenn ich im Club bin kommt mir ein Typ entgegen der eine Fahne aus Alkohol und Knoblauch zusammen hat. Am besten du vermeidest solche Peinlichkeiten indem du immer Kaugummis oder sonstiges dabei hast.
In Sachen Styling will ich dir noch eine Methode mit auf den Weg geben die ich von den Profis sehr gut kenne. Sie nennt sich Peacocking. Übersetzt bezeichnet es das balzen eines Pfaus. Pfauen versuchen die Aufmerksamkeit der Weibchen auf sich zu ziehen indem Sie ihre prächtigen Federn präsentieren. Da wir Menschen bekanntlich keine Federn haben müssen wir beim Peacocking zu anderen Mitteln greifen. Um Aufmerksamkeit zu generieren werden nützliche Accessoires oder schrille Outfits verwendet. Dies können zum Beispiel ein Cowboyhut oder ein Anzug sein.

Der bekannte amerikanische Verführungskünstler „Mystery" gilt als Urvater der Methode. Sein übliches Outfit bestand aus einer Federboa, also einem Schal mit Feder und einer Jacke die mit glänzenden Steinen vollgeklebt war. Er hatte sogar meistens Cowboystiefel an und die Hose war aus speziellem Tierleder. Zum Schluss rundete er es mit einem protzigen Gürtel ab. So seltsam das auch klingt und ausgesehen haben mag, sein Erfolg ist nicht zu bestreiten. Allerdings will Ich an dieser Stelle noch anmerken das diese Methode nicht in allen Ländern oder Kulturkreisen so gut funktioniert wie im verrückten Amerika. Außerdem ist Mystery einer der Wenigen die diese Methode benutzen weshalb ein legerer Kleidungsstil vollkommen ok ist. Im Gespräch kommt es sowieso nur auf deinen Charakter an, welches beim Flirten essenziell ist.

Wingman und Social Proof:

Den Begriff Wingman kennst du sicherlich schon aus der bekannten Serie „How I met your mother". Ein Wingman ist ein Kumpel der dich bei deinem Ziel, Spaß zu haben, so gut es geht unterstützt. Die Rolle eines Wingman sollte immer sehr selbstlos gespielt werden da sein Job nur ist, dich in die Arme einer süßen Blondine (Optional auch Brünett, Schwarz, oder Rot) zu treiben. Wie man den Wingman am besten einsetzt erzähle ich aber in einem anderen Kapitel. Natürlich muss man keinen Wingman haben. Allerdings macht es meistens mehr Spaß und man kann sich für den Dienst gerne mal bei seinem Kumpel revanchieren.

Ein anderes Thema steht bei der Vorbereitung noch aus, obwohl es fast schon nicht mehr zur Vorbereitung gehört. Social Proof bedeutet grob die soziale Akzeptanz von so vielen Leuten wie möglich. Er spiegelt deinen sozialen Status wieder. Ein hoher Social Proof eröffnet dir nicht nur mehr Möglichkeiten der Interaktion in einem Club (welche zu mehr Spaß führen), sondern er bringt dich noch mehr ins Rampenlicht aller Frauen auf der Party. Um wen sich die Masse scharrt, auf den wird gestarrt. Ja, diesen Reim habe ich gerade beim schreiben Selbst erfunden. Er stimmt auch noch: Je mehr Interaktionen du auf der Feier mit den Menschen hast, desto mehr Aufmerksamkeit bekommst du. Sei einfach so offen, so gesprächig und so lustig wie möglich. Diese ganzen Interaktionen sollten allerdings positiver Art sein, da Schlägereien bei niemandem gut ankommen, außer vielleicht bei deinem Kopf.

 Jetzt erkläre ich dir wie du Social Proof generieren kannst. Eine gute Ausgangsposition ist es immer wenn du viele Leute im Club kennst. Spreche mit ihnen, begrüße sie! Betrachte dich in jedem Gespräch wie der Gastgeber: Du sorgst dafür das alle Leute Spaß haben. Wenn du niemanden kennst, sprich mit Leuten die du noch nicht kennst und lerne sie kennen. Auf neue Bekanntschaften kann man den ganzen Abend zurückgreifen und vielleicht schon so neue Frauen kennen lernen.

Ein cleverer Move ist es auch den DJ zu begrüßen. Selbst wenn du ihn selbst nicht kennst kannst du mal bei ihm vorbeischauen und ihm sagen, dass er gute Musik spielt. Er wird sofort auf deiner Seite sein! Ehrliche Komplimente sind der Schlüssel zu den Herzen der Menschen. Selbst mit den Leuten hinter der Bar kann man kommunizieren! Eine gute Art um Social Proof zu generieren ist es auch auf der Tanzfläche so richtig abzugehen und möglichst viele Leute in seinen „Tanzkreis" zu holen. Klatsch mit so vielen Leuten wie möglich ab und hab einfach Spaß!

Wenn du diese ganzen Sachen vor dem „Hauptspiel", dem flirten beachtest, befindest du dich in einer sehr vorteilhaften Ausgangslage und bist allemal bereit den Abend unvergesslich zu machen!

Weitere Bücher des Autors:

Flirten in der Disco: Entdecke die geheimen Strategien der Meisterverführer und erlebe den besten Abend deines Lebens

Alpha-Mann: Wie du deine verführerische, männliche Kraft entfesselst

Selbstbewusstsein: Befreien Sie sich von Ihren inneren Ketten und erlangen Sie grenzenlose Freiheit

Frauen ansprechen: Besiege Deine Ansprechangst und erobere das Herz Deiner Traumfrau

>Meistere die ultimative Kunst der natürlich einfachen Verführung<
(by Daniel Karnatz)

Hey Mate, Daniel hier. Ich hoffe Dir hat dieses kleine Buch gefallen und es konnte Dir wirklich weiterhelfen. Da ich in meiner Vergangenheit nie ein Vorbild oder einen Mentor in Sachen Frauen, Flirten und Persönlichkeit hatte, weiß ich, in welcher Situation Du dich jetzt wahrscheinlich befindest.

Meine Vision ist es, dass eines Tages alle Männer dieser Welt mit einer Frau an ihrer Seite im Bett aufwachen und gerade die beste Nacht ihres Lebens gehabt haben. Alle Menschen, Frauen wie Männer wären so glücklich, dass es keine ernst zu nehmenden Konflikte mehr gäbe. Es ist unglaublich was die Macht der Nähe und Liebe alles bewirken kann. Sex ist die schönste Sache der Welt. Jeder hat es und jeder liebt es.

Mit meiner Marke und mit meinen Methoden will ich deshalb so vielen Männern wie möglich helfen, echte Profis im sozialen Umgang und natürlich im Umgang mit Frauen zu werden.

Meine Geschichte

In der Schulzeit war ich, wie viele Jungs die ich kennen lernen durfte, eher schüchtern und zurückhaltend. Mein Alltag war von Sozialen Ängsten und dem Rückzug in die Spielwelt eines Computers geprägt. Ich fühlte mich unwohl in meinem Schlaksigen Körper und mein Freundeskreis war nicht sehr groß. Mit den Mädels hatte ich nie viel zu tun und meine Ängste ihnen gegenüber machte die Sache nicht viel einfacher. Dass es so nicht weitergehen konnte war mir schnell bewusst.

Ich fing an mich wie ein wilder mich mit meinen Ängsten auseinanderzusetzen. Ich las Bücher über das Flirten und allgemeine Spiritualität und Persönlichkeitsentwicklung. Ich verbesserte meine sozialen Fähigkeiten und wurde über die Jahre immer angesehener. Mein Freundeskreis erweiterte sich, wurde qualitativ hochwertiger und ich wurde sehr selbstbewusst wenn es um das andere Geschlecht geht. Diese Entwicklungen waren sehr langwierig und ich musste einige Rückschläge einstecken weil ich niemanden hatte der es mir richtig beibrachte.

Jetzt ist deine Zeit, deine Chance!:
Ich weiß in welcher Situation man ist wenn man nicht die Kontrolle über sich oder sein Umfeld hat, wenn man sich von den Meinungen anderer abhängig macht. Um diese Situation zu vermeiden und den Ausweg zu finden, möchte ich so vielen Menschen wie möglich helfen ihre Ängste loszuwerden.

Dieses Buch deckt schon einmal einen kleinen Teil dessen ab, was ich Dir beibringen will. Jeder Mann hat aber auch seine ganz eigenen Stärken und Schwächen. Diese kann ich nur in meinen persönlichen Coachings herausfinden und gezielt bearbeiten. Die meisten Menschen lernen sogar besser, wenn sie live jemanden an ihrer Seite haben. Aus diesem Grund habe ich verschiedene Coaching-Varianten zusammen gestellt, die alle das Ziel haben dich im Umgang mit Frauen und im sozialen Umfeld zu stärken. Wenn Du eine persönliche Betreuung bevorzugst, ist jetzt deine Chance gekommen diese zu erhalten.

Hier ein kurzer Überblick über meine Angebote:

Die Easy-Attraction 21-Tage Approach-Challenge:

Das ist mein Geschenk an Dich! Du erhältst völlig KOSTENLOS für 22 Tage je eine E-Mail mit einer kleinen Aufgabe, welche es zu erfüllen gilt. Wenn Du jemals Probleme mit Ansprechangst hattest, wirst Du nach diesem Programm diese nie wieder so wahrnehmen!

Wenn das nach DER Herausforderung für Dich klingt, darf ich dir hiermit die kostenlose Easy-Attraction 21-Tage Approach-Challenge vorstellen.

Werfe jetzt Deine Ausreden über Bord und fange endlich an, dich Deinen Ängsten zu stellen. Du wirst es nicht bereuen! Melde Dich noch heute an und genieße die für begrenzte Zeit kostenlosen Vorteile für Dich:

**→ Hier geht es zu Deiner persönlichen Challenge
http://bit.ly/2n5xcKZ**

Erstgespräch – 1/2h:

Inhalt: Vorstellen, Ziele besprechen, Stärken-/Schwächenanalyse, erste Lösungsansätze

Preis: Kostenlos für Buchkäufer oder 10€

Daygame Coaching - 2h:

Inhalt: soziale Ängste loswerden (Komfort-Challenges), Ansprechen von attraktiven Frauen, Gespräch aufbauen, Nummer holen, Date ausmachen

Preis: 25€

Nightgame Coaching - 3h

Inhalt: soziale Dynamiken analysieren, Ansprechen, Vertrauen aufbauen, Kino, Kiss-Close, Pull (Frau mit nach Hause nehmen)

Preis: 50€

Interesse? Fragen? Hier ist der Kontakt:

Wenn Du jetzt schon von deinem inneren Feuer gepackt wurdest, melde dich doch gleich bei mir. Du erreichst mich unter folgenden Daten:

E-Mail: **karnatzdaniel@gmail.com**
Mobil: +4915228620498
Blog: **easy-attraction.de**

Wichtiger Hinweis:
Vor allem die persönlichen Lifecoachings sind auf meine ständige Anwesenheit angewiesen. Wenn dies, wegen meiner lokalen Abwesenheit nicht möglich ist, kostet das Coaching nur die Hälfte des Preises, wird aber dafür per Skype, vor Deiner eigenen Flirt-Session stattfinden. Ich werde Dich in dem Skypecall so gut es geht vorbereiten. Damit Du maximale Ergebnisse erzielen, und sie sogar selbst auswerten kannst, werde ich mir Dir alle Situationen durchgehen und Dir konkrete Aufgaben und Handlungsanweisungen geben.

Ich freue mich auf Dein reges Interesse für Optimierung deiner Persönlichkeit und deiner Skills im Umgang mit anderen Menschen und vor allem Frauen.

See you Mate,

Daniel (CEO und Coach bei Easy-Attraction)

Rechtliches und Impressum:

Ich bin stets bemüht, alle Informationen und Angaben in diesem Buch korrekt und auf dem neusten Stand zu halten. Leider ist es trotzdem nie vollkommen ausgeschlossen, dass Fehler und Unklarheiten entstehen. Aus diesem Grund übernehme Ich keine Gewähr für Aktualität, Richtigkeit, Qualität und Vollständigkeit dieses Werkes. Für Schäden die durch die (Nicht-) Nutzung dieser Informationen, sowohl mittel- als auch unmittelbar entstehen, hafte Ich nicht. Für Hinweise auf Fehler und Unklarheiten wäre Ich Ihnen sehr dankbar!

Zum Autor:
Daniel Karnatz
Tiefer Weg 22
01689 Weinböhla
karnatzdaniel@gmail.com